COLORIAGE
fruits et Légumes

Pour les enfants et filles

Nom : ....

Prénom : ....

Soufiane GHM

POMME

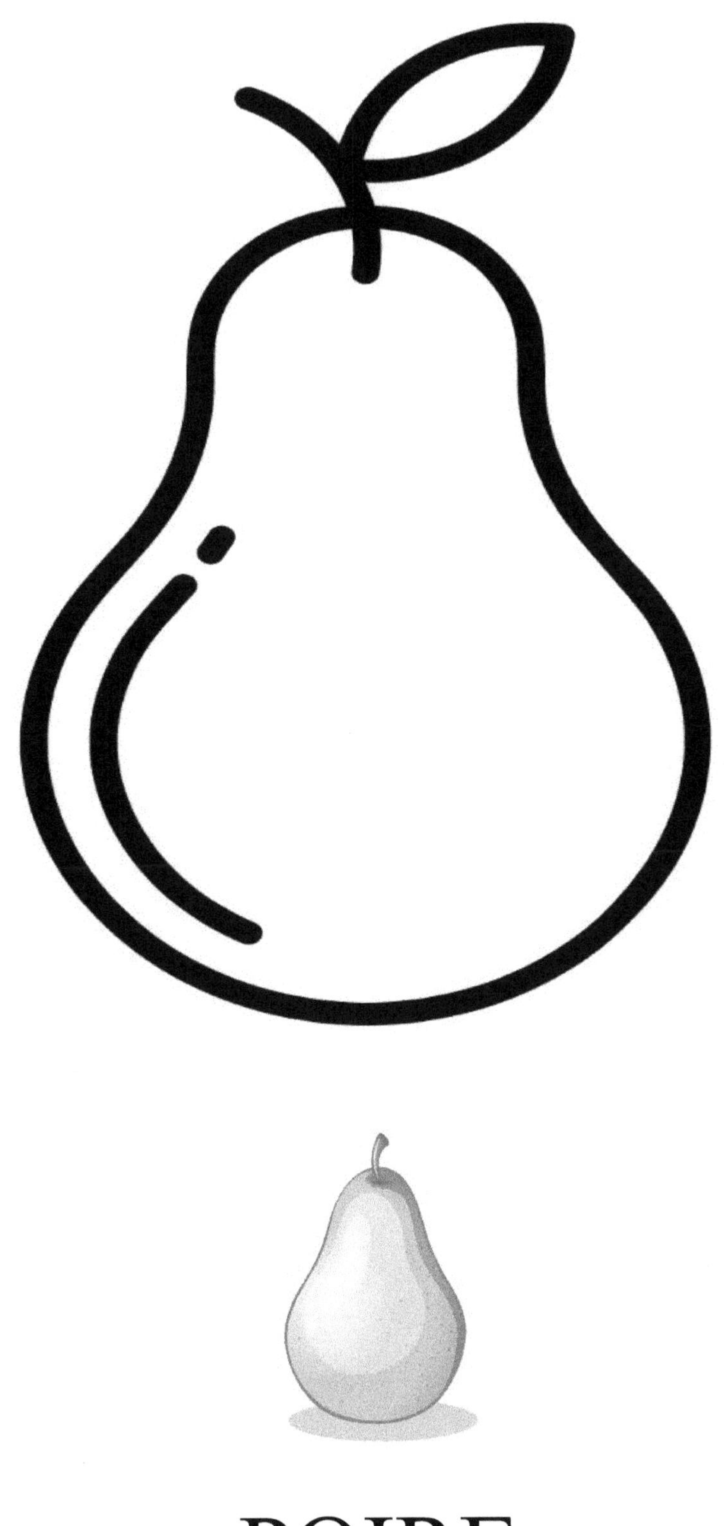

POIRE

FIGUE

AVOCAT

MYRTILE

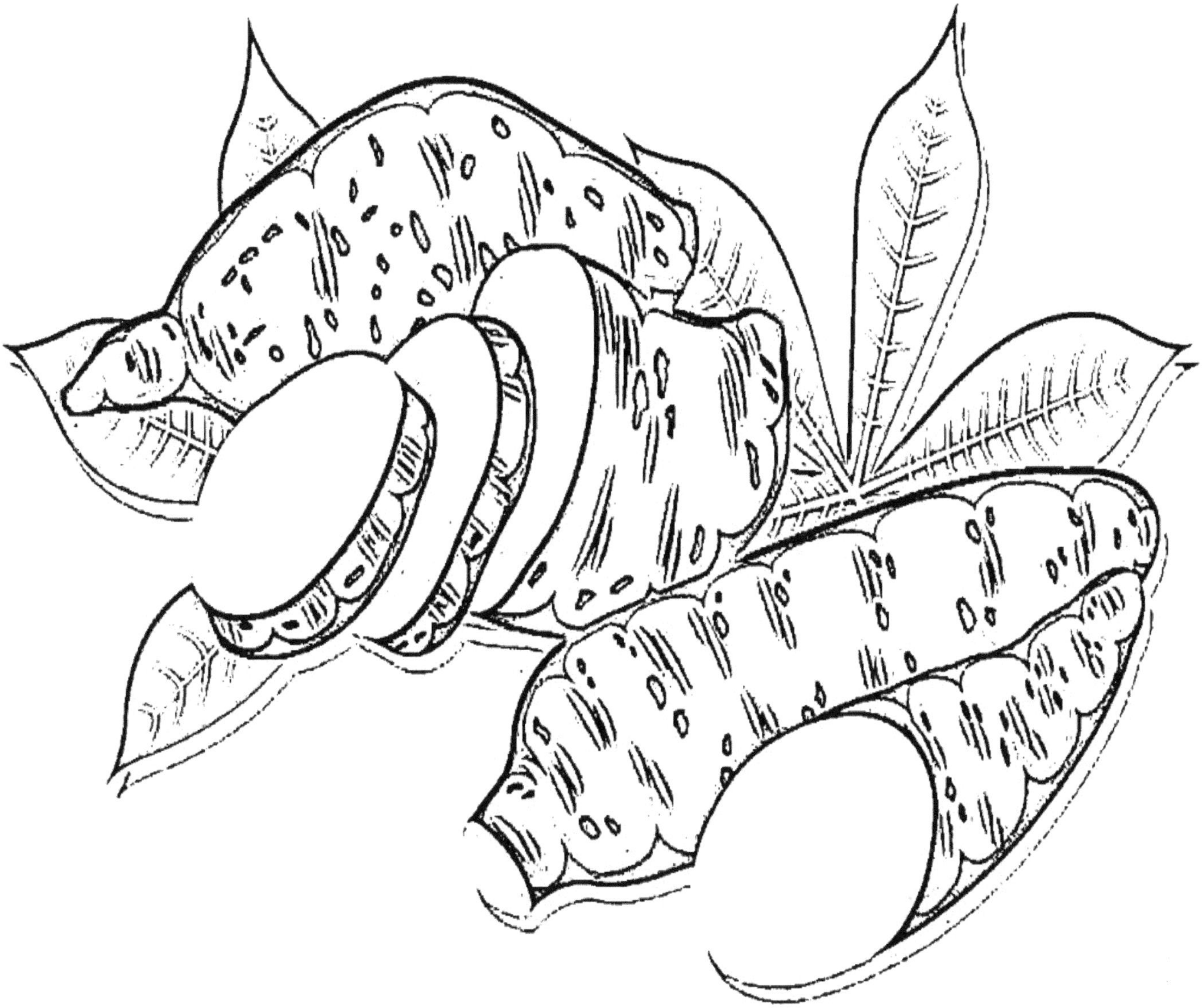

SASSIS

RAISIN

FRAISE

CERISIS

ORANGE

MELON

CITRON

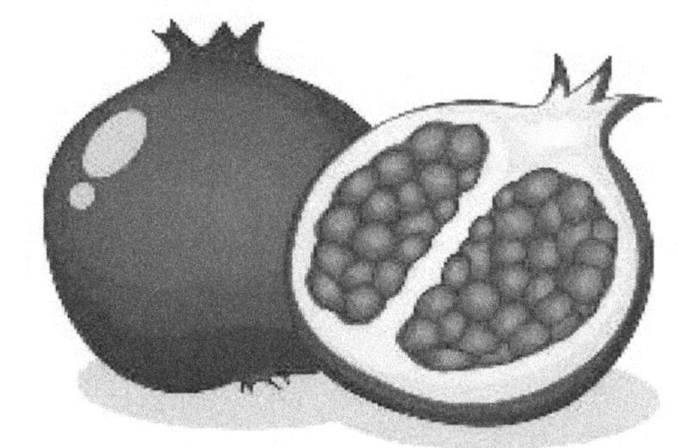

GRENADE

ANANAS

AMANDE

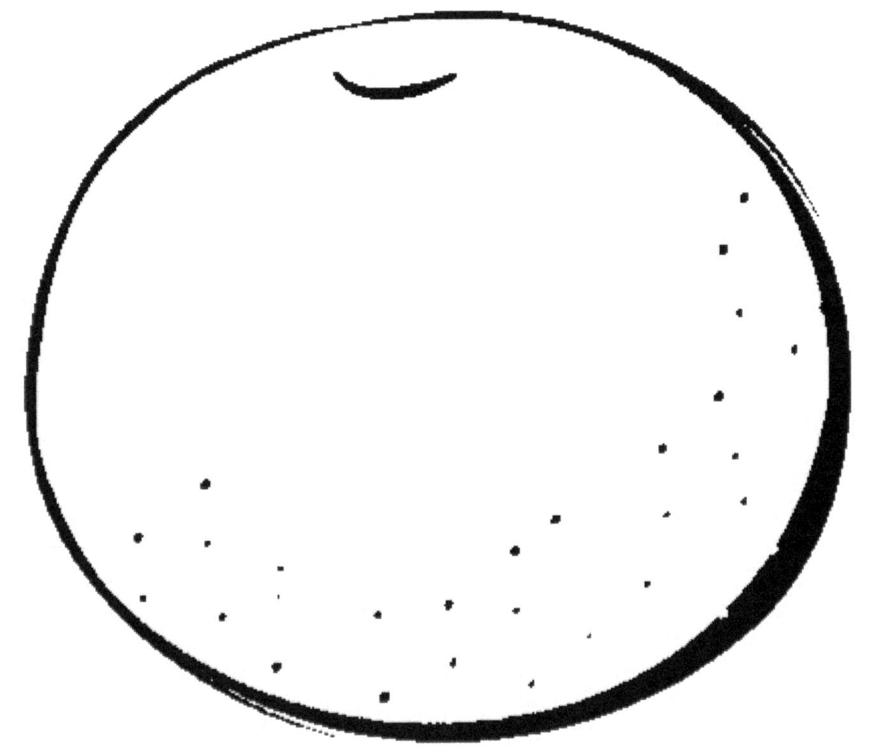

MANDARINE

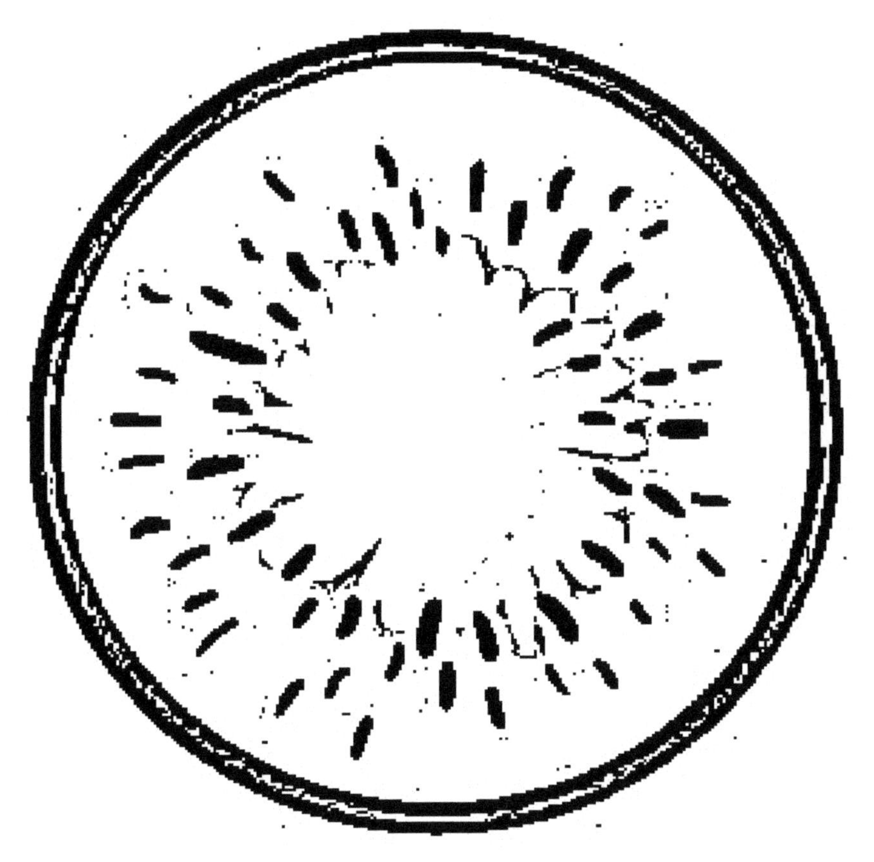

KIWI

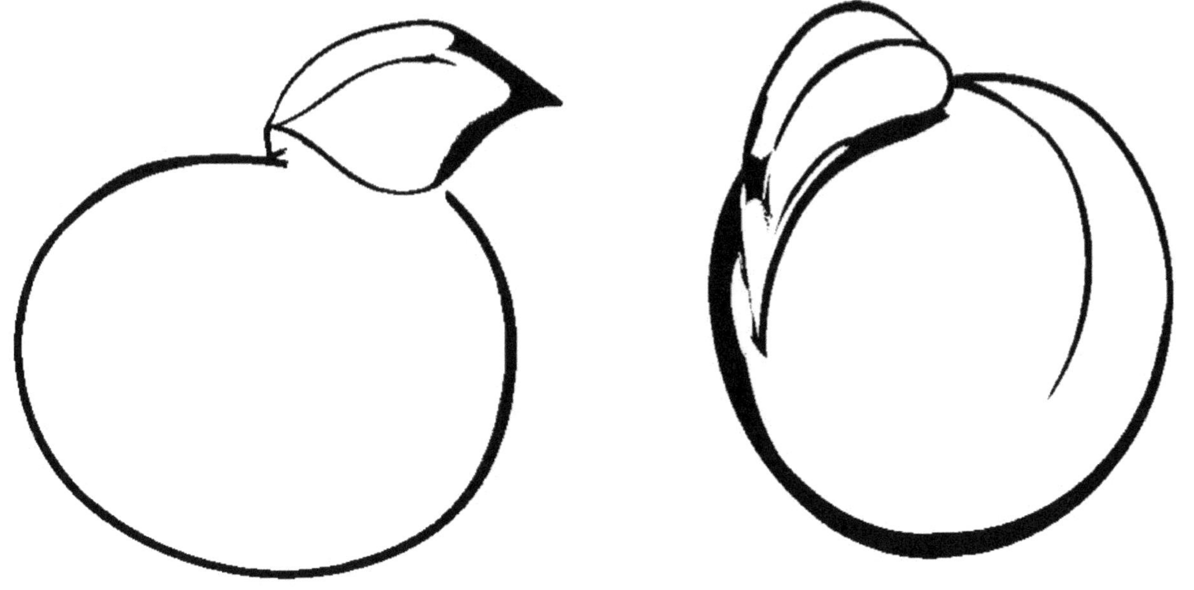

ABRICOT

BANANE

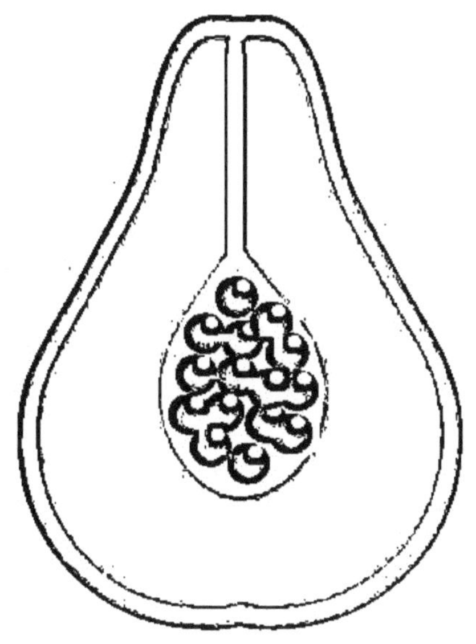
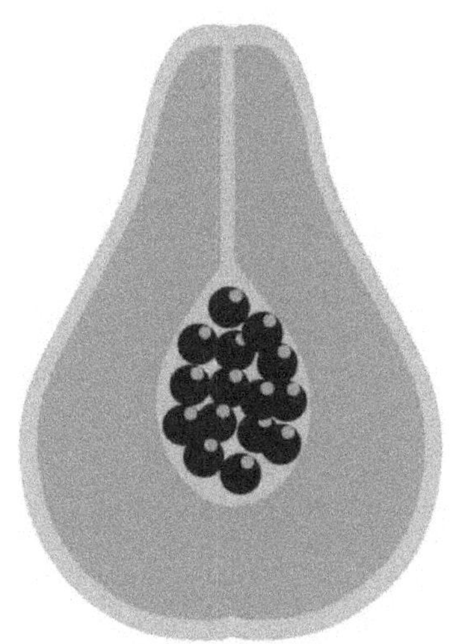

FEIJOA

MYRTILE

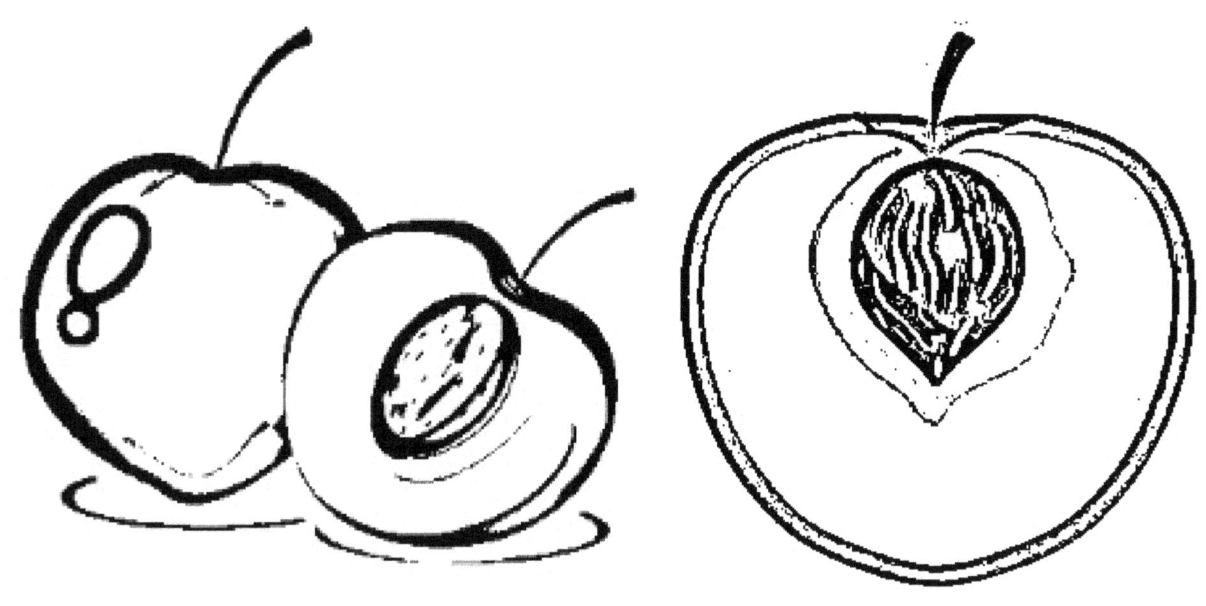

PEACHE

TOMATE